3 - Hauptportal der Abteikirche (12. Jahrhundert).

Die Abteikirche von SAINT-DENIS

1 - Titelbild : Grabdenkmal von Ludwig XII. und Anne von Bretagne.

2 - Die Vierung ist eigens vergrößert worden, um in ihr die Königsgrabmäler aufstellen zu können. Rechts die Grabsäule für das Herz Heinrichs III.

4 - Flachrelief am Grabmal Ludwigs von Frankreich, ursprünglich in der Abteikirche von Royaumont.

DIE KÖNIGSGRABMÄLER

Die größte Ansammlung von Grabdenkmälern in der Welt kann in der Abteikirche von Saint-Denis besichtigt werden. Nicht alle stammen ursprünglich aus Saint-Denis ; diejenigen, die heute im Chorumgang und im nordwestlichen Seitenschiff des nördlichen Querhauses stehen, sind während der Restauration aus Gebäuden hierher gebracht worden, die in der französischen Revolution zerstört worden waren.

I. MITTELALTER

Inmitten eines gallorömischen Friedhofs wurde in der Mitte des 3. Jahrhunderts der Leichnam des heiligen Märtyrers Dionysius begraben. Sein Grab wurde zum Gegenstand der schnell wachsenden Verehrung der Gläubigen ; zu seinem besseren Schutz ließ die heilige Genoveva um 475 über ihm eine große Basilika errichten, die bald die Gunst des Königshauses gewann. Aregunde, die zweite Frau des Merowingerkönigs Clotar I. (gest. um 565-570), wurde als erste königliche Person in ihr begraben. In ihrer Grabstätte wurden Schmuckstücke von außergewöhnlicher Schönheit gefunden. Entgegen der Tradition, die aus Saint-Vincent-Sainte-Croix (heute Saint-Germain-des-Prés) in Paris die

5 - Prunkvoller Dekor für die Begräbniszeremonie Prinz Ludwigs von Bourbon, Dauphin von Frankreich, verstorben am 18. Februar 1712 (zeitgenössischer Stich).

Grabbasilika der Pariser Könige gemacht hatte, bestimmte Dagobert († 639), in Saint-Denis begraben zu werden. Sein Sohn Chlodwig II. folgte seinem Entschluß. Unter den Karolingern wurde die Abteikirche nur gelegentlich als Grabstätte gewählt, von Karl Martell († 741), Pippin dem Kurzen († 768) und Karl dem Kahlen († 877).

Doch das dritte Königsgeschlecht sollte den Erfolg von Saint-Denis dauerhaft sichern. Mit drei Ausnahmen (Philipp I., † 1108, Ludwig VII., †1180 und Ludwig XI, †1483) fanden hier alle Kapetingerkönige ihre letzte Ruhestätte. Von dieser Zeit an war Saint-Denis, wie die Chronisten sagten, « von Naturrecht her » zum « Friedhof der Könige » geworden.

Ursprünglich waren alle Grabmäler ohne bestimmte Ordnung aufgestellt worden, meistens vor dem Dreifaltigkeitsaltar. Ludwig der Heilige ließ sie neu anordnen und gleichzeitig jedes Grabmal mit einer plastischen Liegefigur schmücken. Die Denkmäler sollten im Innern der Vierung Platz finden, die daher von Pierre de Montreuil außergewöhnlich weitläufig entworfen wurde. 1263 und 1264 wurden die Grabmäler dort aufgestellt, einer rigorosen Ordnung folgend, die die Einheit der drei Dynastien verdeutlichen sollte : die Merowinger und Karolinger im Süden, die Kapetinger im Norden. Die Gräber von Philipp August und Ludwig VIII. wurden hinter dem Matutinalaltar errichtet. Schon am Ende des 13. Jahrhunderts wurde diese Anordnung wieder zerstört.

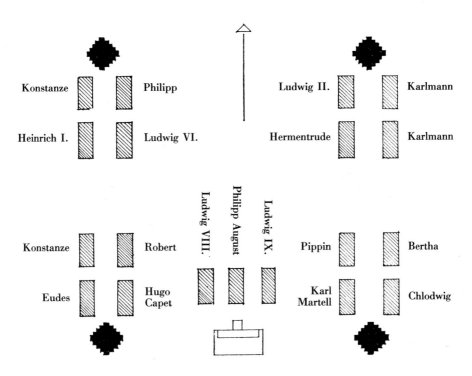

Schematischer Plan der Vierung von Saint-Denis mit den Standorten der Königsgrabmäler im Jahr 1271.

6 - Eine riesige Fensterrose und ein verglastes Triforium nehmen den gesamten oberen Raum der Stirnwand des nördlichen, von Pierre de Montreuil erbauten Querschiffs ein. Die Grabmäler im Zentrum der Vierung sind 1263 und 1264 auf Anordnung von Ludwig IX. dem Heiligen dort aufgestellt worden. Links im Hintergrund das Grabmal Ludwigs XII.

II. HEUTIGER ZUSTAND

Die französische Revolution wütete in der Abteikirche : zahlreiche Bronzegräber wurden im August 1793 eingeschmolzen, die meisten Grabmäler wurden von ihrem Standort entfernt und im Garten neben dem nördlichen Querschiff aufgestapelt. Die antiroyalistische Zerstörungswut erreichte am 12. und vom 16. bis zum 25. Oktober ihren Höhepunkt : Arbeiter öffneten die Särge der Bourbonen, rissen die Leichname heraus und warfen sie im Friedhof der Valois in eine Grube. Als König Ludwig XVIII. 1816 wieder den Thron bestieg, kümmerte er sich sofort um die Wiederherstellung der Königsgrabmäler. Sie wurden der Abteikirche zurückerstattet, zusammen mit einer Reihe anderer Grabmäler aus zerstörten Bauwerken. Die geschändeten sterblichen Überreste der Könige wurden im Friedhof der Valois beigesetzt und später in die Gruft der Bourbonen überführt.

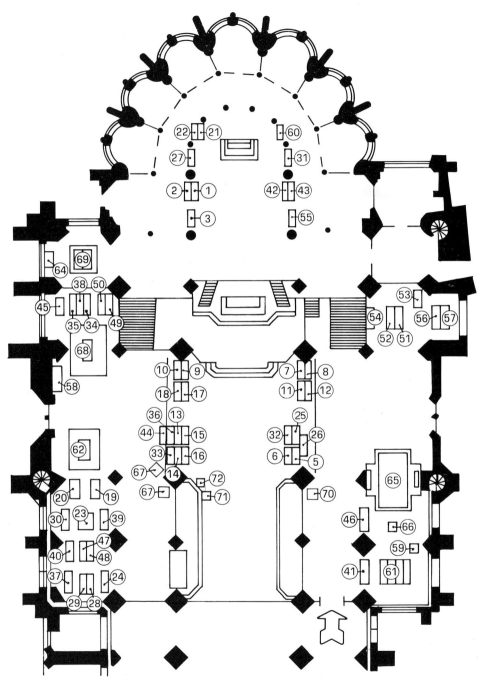

7 - *Plan der Abteikirche von Saint-Denis mit den Standorten der Grabmäler.*

1 - Chlodwig I. († 511) 2 - Childebert († 558)

1 - *Chlodwig I.* († 511).
Aus Sainte-Geneviève in Paris.

Die stark plastisch aus einer Steinplatte gehauene Grabfigur aus den Jahren 1220-1230 hat im 17. und 19. Jahrhundert einige Restaurierungen erfahren. Der König ruht auf einem Bett, das unter seinem Gewicht nachzugeben scheint. Er ist wie ein Herrscher des 13. Jahrhunderts dargestellt, gekrönt, mit dem Zepter in der Hand und in einen weit geöffneten, auf den Schultern befestigten Mantel gekleidet.

2 - *Childebert* († 558).
Aus Saint-Germain-des-Prés in Paris.

Die kurz vor 1163 ausgeführte Grabfigur stammt aus der gleichen Zeit wie der Chor von Saint-Germain-des-Prés. Diese älteste in Nordfrankreich erhaltene Grabfigur ist in versenktem Relief in eine trapezförmige Steinplatte gearbeitet. Ihre Ikonographie ist ebenso interessant : wie eine Stifterfigur trägt der König ein Kirchenmodell in der Hand.

3 - Fredegunde († 596)

3 - *Fredegunde*, Frau von Chilperich I. († 596).
Aus Saint-Germain-des-Prés in Paris.

Aus der behauenen Kalksteinplatte ragen Kopf, Hände, Gürtel und Falten im Flachrelief hervor. In die ausgehöhlten Teile hat der Künstler verschiedenartige Steine und Kupferdrähte eingelassen. Es ist das einzige erhaltene Beispiel dieser Technik und stammt aus derselben Zeit wie die Grabfigur Childeberts.

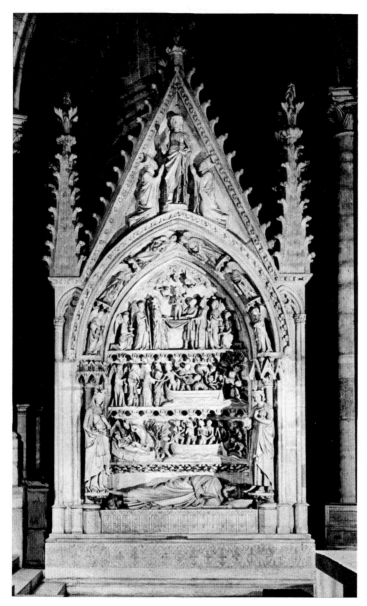

4 - Dagoberts Grabdenkmal († 639)

4 - Dagobert († 639).

Das freistehende Monument wurde in der Mitte des 13. Jahrhunderts wie ein Wandnischengrabmal erbaut. Seine Rückwand ist wie ein Tympanon gestaltet, auf dem sich die Legende des Ermiten Johannes abspielt. Dieser sah im Traum, wie Dagoberts Seele von Dämonen geholt und schließlich, dank der Fürsprache der Heiligen Dionysius, Mauritius und Martin, ihren Klauen entrissen wurde. Die Säulenstatuen seiner Frau Nanthilde und seines Sohns Chlodwig II. sowie die Grabfigur sind Werke des 19. Jahrhunderts.

5 - Chlodwig II. († 566)   6 - Karl Martell († 741)

5 bis 18 - *Der Auftrag Ludwigs des Heiligen.*
5 - Chlodwig II. († 566). 6 - Karl Martell († 741). 7 - Pippin der Kurze († 768). 8 - Bertha, Frau von Pippin († 783). 9 - Karlmann, Pippins Sohn († 771). 10 - Hermentrude, Frau von Karl dem Kahlen († 869). 11 - Ludwig III. († 882). 12 - Karlmann († 884). 13 - Robert der Fromme († 1031). 14 - Konstanze von Arles, Frau von Robert dem Frommen († 1032). 15 - Heinrich I. († 1060). 16 - Ludwig VI. († 1137). 17 - Philipp, Sohn Ludwigs VI. († 1131). 18 - Konstanze von Kastilien († 1160).

Auf Wunsch Ludwigs des Heiligen wurden 1263 und 1264 die Gräber der in Saint-Denis beigesetzten Könige Frankreichs zwischen den Pfeilern der Vierung aufgestellt, die Merowinger und Karolinger im Süden und die Kapetinger im Norden. Zur Erinnerung an sie wurden 16 steinerne Grabfiguren geschaffen (die von Eudes und Hugo Capet sind während der Revolution verloren gegangen), die alle identisch gekleidet und auf dieselbe Weise dargestellt sind : mit offenen Augen und ruhigen Gesten. Am schönsten sind die Antlitze der Königinnen, die von Schleiern, in denen das Licht sich verliert, zur Geltung gebracht werden ; am ausdrucksvollsten die Gesichter von Heinrich I. und Robert dem Frommen. Bei genauerem Studium unterscheidet man drei verschiedene Künstler, die, ohne vom vorher fixierten Modell abzuweichen, eine gewisse Vielfalt in die Serie dieser Grabfiguren bringen.

10 - Hermentrude († 869)

19 - *Philipp von Frankreich*, Sohn von Ludwig VIII. und Blanche von Kastilien († 1235).
Aus der Abteikirche von Royaumont.
   Die Tumba aus der Mitte des 13. Jahrhunderts zeigt den jungen Prinzen auf einem hohen Unterbau ruhend, dessen Arkaden abwechselnd Engel und Mönche schmücken. Diese Elemente, eine treue Nachbildung der heute im Louvre aufbewahrten Originale, sind das erste Beispiel eines Themas, das im folgenden Grabmal weiterentwickelt wird.

20 - *Ludwig von Frankreich*, Sohn von Ludwig IX. und Marguerite von Provence († 1260).
Aus der Abteikirche von Royaumont.
   Das Thema des Trauerzugs ist um 1260 auf den Seitenwänden dieser Klagetumba großartig dargestellt worden. An der Spitze erkennt man sogar den Leichnam des Prinzen, der von zwei Königen und zwei anderen Personen getragen wird. Die Grabfigur ist wunderschön, mit ihren vom Körper losgelösten Händen und den Bewegungen von Kopf und Rumpf, der sanft auf der Grabplatte schwingt.

20 - Ludwig von Frankreich († 1260)

12 - Karlmann († 884)

*25 - Philipp III.
der Kühne
(† 1285)*

21 und 22 - *Blanche von Frankreich* († 1243) und *Johann von Frankreich* († 1245).
Kinder von Ludwig dem Heiligen und Marguerite von Provence.
Aus der Abteikirche von Royaumont.
　Die auf Emailplatten gesetzten Bronzegrabmäler sind selten gewordene Beispiele einer Technik, die im 13. Jahrhundert eine Limoger Spezialität war.

24 - *Marmorgrabfigur.*
　Herkunft und Identität dieser Grabfigur, die in der zweiten Hälfte des 13. Jahrhunderts aus Doornyker Marmor gehauen wurde, sind unbekannt. Es muß sich um eine Königin handeln, vermutlich Blanche von Kastilien oder Mahaut von Artois.

25 - *Philipp III. der Kühne* († 1285).
　Für sein Grabmal wurde zum ersten Mal eine neue Technik angewandt, der im 14. Jahrhundert ein sehr lebhafter Erfolg beschieden war : die Grabfigur aus weißem Marmor ruht auf einer schwarzen Marmorplatte. Dieses Werk von Jean d'Arras stammt vom Ende des 13. Jahrhunderts, dessen Tradition es noch verpflichtet bleibt, obwohl es zugleich schon die Kunst des 14. Jahrhunderts ankündigt.

26 - *Isabella von Aragon*, Frau von Philipp III. († 1271).
Die Tumba wurde um 1275 vor dem Grabmal Philipps des Kühnen errichtet ; sie führt den für das 14. Jahrhundert typischen, flach auf dem Körper aufliegenden Faltenwurf ein. Die Grabfigur ruht auf einem Unterbau, den eine prächtige Inschrift aus weißen Marmorbuchstaben schmückt.

27 - *Robert von Artois* († 1317).
Aus der Franziskanerkirche in Paris.
Seine Mutter Mahaut von Artois hat das Grabmal bei Jean Pépin de Huy, einem der besten Bildhauer der Maasgegend des beginnenden 14. Jahrhunderts, in Auftrag gegeben ; es zählt zu den Meisterwerken dieses Jahrhunderts. Das Gesicht zeigt den Ausdruck wunderbaren inneren Friedens.

28 und 29 - *Ludwig von Frankreich*, Sohn Philipps III. († 1319), und seine Frau *Marguerite von Artois* († 1311).
Aus der Jakobinerkirche in Paris.
Die Grabfigur von Robert von Artois (Nr. 27) war das Modell für Ludwigs, die jedoch mit ihren sehr viel plumperen Gesichtszügen nicht die Eleganz ihres Vorbilds besitzt. Marguerites vorzügliche und anmutige Grabfigur hebt sich stark daneben ab. Sie ist modisch gekleidet mit Schleier und Kinnband, die ihr Antlitz halb verbergen.

30 - *Blanche von Frankreich*, Tochter Ludwigs des Heiligen und Frau von Ferdinand de La Cerda († 1320).
Aus der Franziskanerkirche in Paris.
Diese noch hervorragendere Grabfigur zeigt Blanche im selben Gewand und in derselben Haltung wie Marguerite.

31 - *Unbekannte Prinzessin*, genannt Blanche von Bretagne.
Herkunft unbekannt.
Kleidung und Stil datieren die Grabfigur ins erste Drittel des 14. Jahrhunderts.

32 bis 35 - *Philipp IV. der Schöne* († 1314) und seine Söhne *Ludwig X.* († 1316), *Philipp V.* († 1322) und *Karl IV.* († 1328).
Die drei ersten Grabfiguren sind 1327, die vierte vor 1329 geschaffen worden. Alle vier folgen ikonographisch dem Modell, das schon für die Grabfigur von Philipp III. (Nr. 25) gewählt wurde, von der sie sich jedoch stilistisch stark unterscheiden. Sie wurden wahrscheinlich recht eilig ausgeführt : die stereotypen Gesichter sind ausdruckslos, die Gewandfalten flach.

36 - *Johann I.*, Sohn Ludwigs X. († 1316).
Wunderbar zart modellierte Grabfigur.

37 - *Clémence von Ungarn*, Tochter Karls I. von Ungarn und Frau von Ludwig X. († 1328).
Aus derselben Werkstatt wie die Grabfiguren von Marguerite von Artois (Nr. 29), Blanche von Frankreich (Nr. 30) und Blanche von Bretagne (Nr. 31).

26 - *Isabella von Aragon († 1271)*

38 - *Johanna von Evreux († 1371)*

38 - *Johanna von Evreux*, Tochter des Grafen Ludwig von Evreux und Frau von Karl IV. († 1371).
Die Grabfigur gehört stilistisch zur vorhergehenden Gruppe. Das Grabmal muß noch zu Lebzeiten der Königin in Auftrag gegeben worden sein.

39 - Karl von Anjou († 1283)

*47 - 48 - Johanna von Frankreich († 1371)
Blanche von Evreux-Navarre († 1398)*

39 - *Karl*, Graf von Anjou und König von Sizilien († 1283).
Aus der Jakobinerkirche in Paris.
    Der in die Grabplatte eingemeißelten Inschrift zufolge, hat Clémence von Ungarn dies Denkmal zur Erinnerung an ihren Urgroßvater im ersten Drittel des 14. Jahrhunderts errichten lassen. Karl hält sein Herz in der linken Hand und sein (heute abgebrochenes) Schwert in der rechten.

40 - *Karl*, Graf von Valois, Sohn von Philipp III. dem Kühnen († 1325).
Aus der Jakobinerkirche in Paris.
Er ist realistisch, jedoch unbeholfen wie ein Ritter des 14. Jahrhunderts dargestellt.

41 - *Karl*, Graf von Etampes, Sohn von Ludwig von Evreux und Marguerite von Artois († 1326).
Aus der Franziskanerkirche in Paris.
Auch diese bemerkenswert zierliche Grabfigur zeigt einen Ritter. Die sehr fein gearbeiteten Gesichtszüge sind einzigartig in der zeitgenössischen Kunst.

42 und 43 - *Karl von Valois*, Graf von Alençon, Sohn von Karl von Valois und Marguerite von Sizilien († 1346), und seine Frau *Maria von Spanien*, Tochter Ferdinands II. von Spanien († 1379).
Aus der Jakobinerkirche in Paris.
Nach der für diese Zeit typischen Kleidung zu urteilen, stammen die beiden Grabfiguren vom Ende des 14. Jahrhunderts.

44 - *Johanna von Frankreich*, Tochter von Ludwig X. und Marguerite von Burgund, Frau von Philipp III. von Evreux-Navarre († 1349).
Die Königin verschwindet völlig unter ihren Schleiern.

45 - *Blanche von Frankreich*, Tochter Karls IV., Frau von Philipp von Orleans († 1393).
Die Grabfigur wurde im 19. Jahrhundert stark restauriert. Sie stammt aus der Werkstatt von Jean de Liège, einem der größten Künstler der zweiten Hälfte des 14. Jahrhunderts, der ihre Ausführung einem Gehilfen übergab.

46 - *Marguerite von Flandern*, Tochter Philipps V. und Frau von Ludwig II. von Flandern († 1382).
Charakteristisches Beispiel für die Grabplastik des ausgehenden 14. Jahrhunderts.

47 und 48 - *Blanche von Evreux-Navarre*, Tochter Philipps III. von Evreux-Navarre und Frau von Philipp VI. († 1398), und *Johanna von Frankreich*, Tochter von Philipp VI. und Blanche († 1371).
Die Ausführung des Doppelgrabmals für Mutter und Tochter ist Jean de Liège zugeschrieben worden.

49 und 50 - *Philipp VI.*, Sohn Karls von Valois († 1350), und sein Sohn *Johann II. der Gute* († 1364).
Die Thronbesteigung der Valois wird von einer Erneuerung der Herrscherikonographie begleitet: der Mantel wird auf einer Schulter befestigt, die Lilienkrone und der Gerichtshandschuh erscheinen. Die beiden Grabmäler sind 1366 von einem Gehilfen des André Beauneveu ausgeführt worden.

51 - *Karl V.* († 1380).
Dieses Hauptwerk der Grabplastik stammt von einem der größten Künstler, die für Karl V. arbeiteten : André Beauneveu. Der König gab es 1364, noch zu seinen Lebzeiten, in Auftrag, so daß der Bildhauer die Züge des vorzeitig gealterten Monarchen wirklichkeitsgetreu wiedergeben konnte.

52 - *Johanna von Bourbon*, Tochter von Pierre I. von Bourbon und Frau von Karl V. († 1378).
Aus der Cölestinerkirche in Paris.
Die Liegefigur befand sich auf dem Grabmal der bei den Cölestinern beigesetzten Eingeweide der Königin. Ihr Stil verbindet sie mit der Plastik der ersten Hälfte des 14. Jahrhunderts.

53 - *Bertrand Duguesclin*, Konnetabel von Frankreich († 1380).
Karl V. verlangte, daß der Leichnam seines treuen Dieners zu seinen Füßen in Saint-Denis beigesetzt wurde. Die sehr realistische Grabfigur wurde 1397 von Thomas Privé und Robert Loisel ausgeführt.

54 - *Ludwig von Sancerre*, Konnetabel von Frankreich († 1402).
Karl VI. ahmte seinen Vater nach und ließ den Konnetabel in Saint-Denis begraben. Der Bildhauer hat die Brutalität seiner Gesichtszüge wirklichkeitsgetreu wiedergegeben.

55 - *Leon von Lusignan*, König von Armenien († 1393).
Aus der Cölestinerkirche in Paris.
Der letzte König von Klein-Armenien fand in Frankreich eine gastfreundliche Zuflucht. Auf seinem Grabmal ist er wie ein König von Frankreich dargestellt.

56 und 57 - *Karl VI.* († 1422) und *Isabeau von Bayern* († 1435).
Isabeau gab das Doppelgrabmal 1424 in Auftrag, das Pierre de Thoiry 1429, noch zu ihren Lebzeiten, vollendete. Der Bildhauer verstand es, das königliche Antlitz mit bemerkenswerter Einfühlsamkeit abzubilden, und schuf so eines der großen Meisterwerke dieser Zeit.

58 - *Guillaume Du Chastel*, Brotmeister des Königs († 1441).
Karl VII. beschloß, ihm die Ehre der Beisetzung in Saint-Denis zukommen zu lassen. Ein Marmorgesicht vervollständigt die in Stein gehauene Grabfigur.

59 - *Beatrice von Bourbon*, Tochter Ludwigs I. von Bourbon, Frau des Königs von Böhmen Johann von Luxemburg († 1383).
Aus der Jakobinerkirche in Paris.
Seit Beginn des 14. Jahrhunderts gibt es aufrecht stehende Grabfiguren. Die Statue der Königin ist aus Stein gehauen, das getrennt gearbeitete Gesicht aus Marmor.

60 - *Unbekannte Prinzessin*.
Über diese liegende Grabfigur aus der ersten Hälfte des 14. Jahrhunderts ist nichts bekannt.

Beisetzung von König Philipp IV. dem Schönen in der Abteikirche von Saint-Denis (1314).

Schmuckstücke, die im Grab der Königin Aregunde, der Frau Clotars I. (gestorben um 565) gefunden wurden : Ohrringe - Siegelring, der es ermöglichte, die Königin zu identifizieren Schmucknadel - Wehrgehängeverschluß - zwei runde Emailfibeln - zwei Goldnadeln. (Aufbewahrt im Ausgrabungsdepot der Stadt Paris, Rotonde de la Villette.)

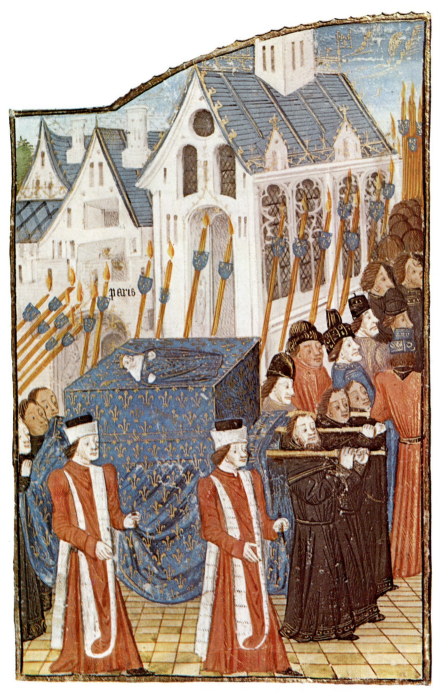

Begräbnisprozession von König Johann dem Guten (1364).

51 - Karl V. († 1380)   55 - Leon von Lusignan († 1393)

56 - Karl VI. († 1422)   57 - Isabeau von Bayern († 1435)

DIE RENAISSANCE

Die immer üppigere Ausstattung der Renaissancegrabmäler hängt mit den Begräbniszeremonien zusammen. Die Verstorbenen sind auf einem « Doppeldecker-Grabmal » zweimal dargestellt : unten als verwesender Leichnam, oben im Gebet. Apostel, Heilige und Tugenden ersetzen die Klagefiguren, die seit der Mitte des 13. Jahrhunderts das Grabmal umgaben. Figurenreliefs schildern die Großtaten der Verstorbenen.

61 - *Die Herzöge von Orleans :* Ludwig, Herzog von Orleans und Sohn Karls V. († 1407), seine Frau Valentine Visconti († 1408) und ihre Söhne Karl der Dichter († 1465) und Philipp († 1420).
Aus der Cölestinerkirche in Paris.

61 - Grabmal der Fürsten von Orleans - Valentine Visconti († 1408)

62 - Grabmal Ludwigs XII.
Detail : die Stärke

62 - Unterbau des Grabmals von Ludwig XII. (Detail)

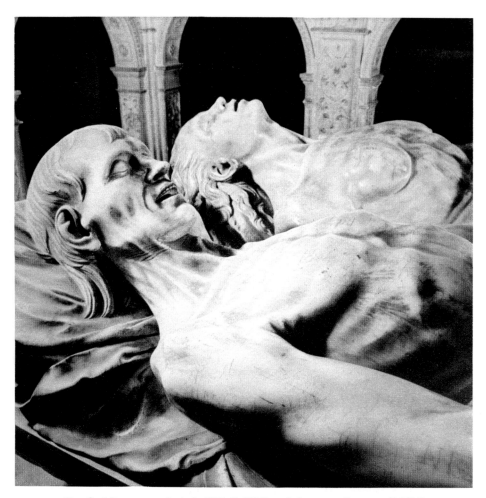

62 - Grabfiguren von Ludwig XII. († 1515) und Anne von Bretagne († 1514)

Nach der Rückkehr von seinem Italienfeldzug im Jahr 1500 beschloß Ludwig XII., dem Andenken seiner Vorfahren ein Grabmal zu errichten. Er beauftragte italienische Künstler mit der Arbeit : zwei Mailänder, Michel d'Aria und Girolamo Viscardo, und zwei Florentiner, Doni di Battista Benti und Benedetto da Rovezzano. Die Liegefiguren sind auf zwei Etagen angeordnet, Ludwigs und Valentines ruhen auf der oberen. Apostel, Evangelisten und Heilige schmücken die Nischen. Das Ganze ist im italienischen Dekorationsstil ausgeführt.

62 - *Ludwig XII.* († 1515) und *Anne von Bretagne* († 1514).
   Franz I. beschloß 1516, seinem Vorgänger ein großartiges Grabmal zu errichten, das 1531 aufgestellt wurde. Es wurde von Guido Mazzoni oder Perreal

entworfen und von Jean Juste und seiner Familie ausgeführt. In ihm vereinten die Künstler den Arkadenbaldachin aus gotischer Tradition, der jedoch hier zum antiken Tempel wurde, den Unterbau mit italienisch inspirierten Figurenreliefs, die Tugenden in den Ecken und die obere Plattform mit den betenden Figuren. Die Darstellung der zwei im letzten Lebenshauch erfaßten Kadaver ist in dieser Zeit einzigartig.

63 - *Renée von Orléans-Longueville*, Tochter von François II. Longueville († 1515).
Aus der Cölestinerkirche in Paris.
Die Figur ruht in einer Grabnische, die eine Muschel und im Halbrelief dargestellte weibliche Heilige schmücken.

64 - *Maria von Bourbon-Vendôme*, Tochter Karls von Bourbon, Graf von Vendôme († 1538).
Aus der Kirche Notre-Dame in Soissons.
Die Statue ist aus einem weißen, sehr feinkörnigen Marmor gehauen.

65 - *Betende Figur von Claude von Frankreich († 1524)*

65 - *Grabdenkmal von Franz I.*

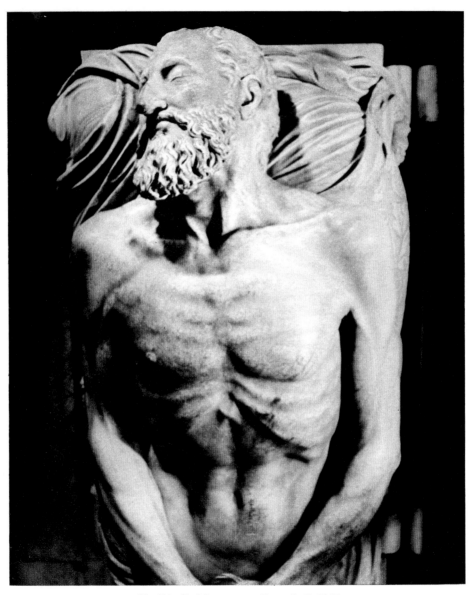

65 - Die Grabfiguren von Franz I. († 1547)

65 - *Franz I.* († 1547) und *Claude von Frankreich* († 1524).
1548 beauftragte Heinrich II. Philibert de l'Orme mit der Ausführung des Grabmals seiner Eltern. Der Skulpturenschmuck wurde erst François Camoy übertragen, dann François Marchand und schließlich Pierre Bontemps, der den größten Teil der Arbeit ausführte. Die Architektur ist wie ein Triumphbo-

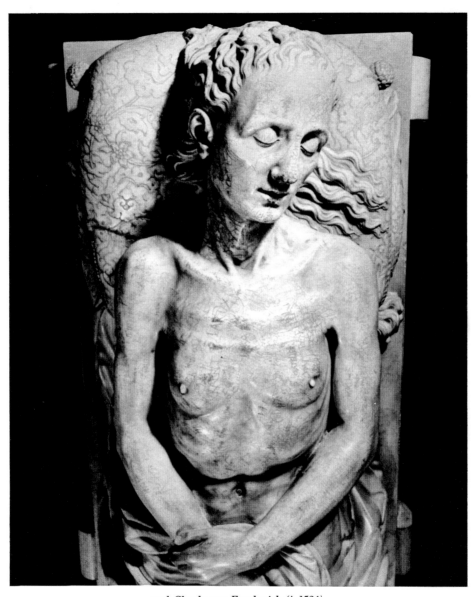

und Claude von Frankreich († 1524)

gen aufgebaut. Die Militärszenen sind mit außerordentlicher Genauigkeit geschildert. Unter dem Gewölbe ruhen die Liegefiguren auf zwei Zwillingssarkophagen in ihrem letzten Schlaf. Auf der oberen Plattform sind die fünf betenden Figuren des Königs, der Königin und ihrer Kinder Charlotte († 1524), Franz († 1536) und Karl († 1545) angeordnet.

66 - Graburne für das Herz von Franz I.

66 - *Herz von Franz I.*
Aus der Abtei Hautes-Bruyères (Yvelines).
Pierre Bontemps hat diese wunderschöne, 1556 vollendete Graburne geschaffen.

67 - *Ludwig*, Kardinal von Bourbon, Sohn des Grafen Franz von Vendôme († 1557).
Dem Steinbildhauer Jacques de Valleroy wurde 1530 die Ausführung der Säule übertragen, die ursprünglich die Kupferstatue des betenden Kardinals trug.

68 - Grabdenkmal von Heinrich II. († 1559) und Katharina von Medici († 1589)

68 - Grabdenkmal Heinrichs II., Detail : die Gerechtigkeit

68 - *Heinrich II.* († 1559) und *Katharina von Medici* († 1589).

Bald nach dem Tod ihres königlichen Gemahls beschloß Katharina von Medici, für ihn und für sich selbst ein Grabmal zu erbauen, das in der Rotunda der Valois aufgestellt werden sollte. Sie beauftragte Francesco Primaticcio mit dem Entwurf ; dieser zog für den Skulpturenschmuck Germain Pilon hinzu, der sein Werk 1570 vollendete. Das Denkmal besitzt die Form eines kleinen rechteckigen Tempels mit Bronzestatuen an den Ecken. Allegorische Reliefs zieren den Unterbau. Die Liegefiguren zeigen den Ausdruck wundervollen inneren Friedens. Die betenden Figuren auf der oberen Plattform sind aus Bronze.

68 - Grabfiguren von Heinrich II. und Katharina von Medici.

69 - *Heinrich II. und Katharina von Medici*, im Krönungsgewand.
Die beiden Grabfiguren von Germain Pilon sollten in der Valois-Rotunda Platz finden, heute ruhen sie auf von Viollet-le-Duc wiederhergestellten Bronzebetten.

70 - *Herz von Franz II.* († 1560).
Aus der Cölestinerkirche in Paris.
Um das Herz des Königs aufzunehmen, entwarf Primaticcio eine Säule, deren Basis von drei Kinderfiguren umringt wird, die für das Grabmal von Franz I. ausgeführt worden waren.

45 - Hunde zu Füßen Blanches von Frankreich

49 - Löwe zu Füßen Philipps VI. von Valois

39 - Wehrgehänge des Grafen von Etampes

41 - Wappenschild Karls von Anjou

71 und 72 - *Herz Heinrichs III.* († 1580).
Aus der Stiftskirche von Saint-Cloud.
    Das 1594 errichtete Denkmal ist ein quadratisches Flachrelief, das früher in einer marmorgerahmten Nische stand. Der Herzog von Epernon ließ für das Relief eine Säule aufstellen, von der nur der Schaft erhalten ist.

8 - Die Krypta der Bourbonen

Die Bourbonen, Könige ohne Grabmäler

9 - Heinrich IV.
(1553 1589 † 1610)

10 - Ludwig XIII.
(1601 1610 † 1643)

11 - Ludwig XIV.
(1638 1643 † 1715)

12 - Ludwig XV.
(1710 1715 † 1774)

13 - Ludwig XVI.
(1754 1774 † 1793)

14 - Ludwig XVIII.
(1755 1814 † 1824)

15 - Karl X.
(1757 1824 † 1836)

NEUZEIT UND GEGENWART

Die Bourbonengruft. Die Thronbesteigung der Bourbonen bedeutete zugleich die Abkehr vom Konzept des Königsgrabmals. Seit Heinrich IV. wurden die königlichen Särge in der « Gruft der Zeremonien » aufgebahrt, die am Ende des 17. Jahrhunderts überfüllt war. Daher beschloß man 1683, den Mittelraum der unter dem Altar gelegenen alten Krypta als Gruft herzurichten : sie erhielt bald den Namen « Bourbonengruft ». Die Särge waren dort einfach auf eiserne Gestelle gesetzt, und nur eine sehr schlichte Inschrift erlaubte es, sie zu identifizieren. Es gab mehrere Pläne, eine angemessenere Grabstätte einzurichten, doch sollte keiner von ihnen verwirklicht werden : weder François Mansarts Plan 1664-1665 einer « Rotunda der Bourbonen », noch Dom Malarets 1779-1781 vorgeschlagene Umwandlung der Gruft in eine runde Kapelle.

Napoleons Architekten bauten die Bourbonengruft um, um in ihr die Grabstätte der kaiserlichen Familie herzurichten. Ludwig XVIII. ließ ihren alten Zustand wieder herstellen, um die sterblichen Überreste seiner Vorfahren aus dem Friedhof der Valois in sie zu überführen und Ludwig XVI. und Marie-Antoinette dort beisetzen zu lassen. Nach dem zweiten Weltkrieg bemühte sich Formigé, der Gruft wieder ihren Ursprungszustand zu verleihen. Er riß die Apsismauer ab und begrub die königlichen Überreste unter dem neuen Plattenbelag.

Alain ERLANDE-BRANDENBURG
Konservator im Cluny-Museum

Deutsche Übersetzung
von Claudia RABEL-JULLIEN